Ingolf Wolff

Gedankenspiele

-Gedichte und Kurzgeschichten-

© 2017 Ingolf Wolff

Herausgeber: tredition GmbH, Hamburg

Autor: Ingolf Wolff

Umschlaggestaltung: Ingolf Wolff

Verlag: tredition GmbH, Hamburg

ISBN: 978-3-7439-4045-1 (Paperback)
ISBN: 978-3-7439-4046-8 (Hardcover)
ISBN: 978-3-7439-4047-5 (e-Book)
Printed in Germany

Bibliografische Information der Deutschen Nationalbibliothek: Die Deutsche Nationalbibliothek verzeichnet diese Publikation in der Deutschen Nationalbibliografie; detaillierte bibliografische Daten sind im Internet über http://dnb.d-nb.de abrufbar.

Der Weg!

Geh Deinen Weg, den Du gegangen bist,
noch einmal mit nach Haus.
Denk immer wieder über Deinen Horizont
hinaus!
Denn wenn Du glaubst, dass alles nur so ist,
wie Du es siehst,
nicht aufmerksam in allen Dingen etwas
Neues liest,
dann hast Du nichts verstanden von der
Welt
und nichts von dem, was sie zusammen hält.
Denn sieh, sie ist wie Du und Du wie sie nun
aufgebaut
und hättest Du Dich nur noch besser umge-
schaut,
dann hättest Du bemerkt, dass alles was in
Dir,
auch in der Welt da draußen steckt,
dass die Erde, dass das All, wie Wir in Trau-
er
und in Glück sich zeigen kann,
doch nur die Liebe alles weckt.

Unbekannt

Was ist schon so, wie man es kennt,
das mancher froh beim Namen nennt,
doch Rätsel bleibt für jedermann.
-/-
Die Neugier treibt Geheimnis auf,
das Leben spielt mit seinem Lauf
den Schabernack mit Mensch und Tier,
so sieht man nicht, was dennoch hier,
nur andersartig ist präsent
und nicht so ist, wie man es kennt.

Es wird vergehn !

Leben ist so schön,
doch wird vergehn,
so,
wie eine Rose früh im Morgentau
die Schönheit pur,
gleich einer Modenschau,
sie wird vergehn.

-/-
Wilder als ein Feuersturm,
hoch hinauf in der Gefühle Turm
und manchmal steil hinab ins Tal,
es wird vergehn.
-/-
Wohl bedacht,
bewusster schreitend in der Zeit,
die dann noch bleibt,
jeden Tag behütend und bewacht,
als wenn´s der letzte wär.
-/-
Die Kleinen Dinge werden groß,
wartend auf der Erde kühlen Schoß
wird es vergehn,
des Lebens kurzer Hauch.

An meiner Seiten

Ich sah Länder, ich sah Welten, hohe Berge,
tiefe Täler, dunkle Wälder,
große Weiten.
Ich sah Meere, sah die Sterne

und den Himmel voller Zeiten,
sah Mond und Sonne -
und sah Dich,
an meiner Seiten.

Abschied

Tränen in den Augen,
vor dem Bug die Gischt,
Freiheit in mich saugen,
s´ hat mich kalt erwischt.
Träume in den Nächten,
wild und ungestüm,
die mir Liebe brächten,
am Firmament veglühn.
Sehnsucht nach dem weißen Strand am blau-
en Meer,
die mir will verheißen, neues Leben her.
Vergangenheit vergessen,
schnell und ohne Schmerz,
ist schon sehr vermessen,
sitzt zu tief im Herz.

Zeitlos

Schon lang ist´s her,
begann der Wald,
wuchs mehr und mehr,
warm Licht entstand,
dann kam der Mensch,
schon lang ist´s her.
-/-
Vergangene Zeit, die kennen wir,
doch das was kommt, das sag ich Dir,
ist anders hier
und weit und breit.
-/-
Nur kurze Zeit
bleibt Dir zum Leben,
das andere ist
die Ewigkeit.

Aufbruch

Das Taglicht ist nur dunkelrot,
die Vögel scheinen alle tot.

Der Sommerwind ist kühl und starr,
der Schatten spielt mit mir den Narr.
Der Sonnenball ist riesengroß,
die Pflanzen in der Erde Schoß,
sind eher fad und gelblich weiß,
aus Angst besteht nur unser Schweiß.
Sie lässt uns auch nicht wieder los,
Dunst und Wolken werden dicht,
bald ganz verschwunden ist das Licht.
Mein Atem geht unsagbar schwer,
den nächsten Morgen gab´s nicht mehr.

Ode der Liebe

Wild ist mir im Herzen und rot der Mund
von dir,
dort stehen ein paar Kerzen und sagen
DANKE dir.
Der Kopf ist voller Lichter von der vergan-
genen Nacht,
das hab´ ich gestern Abend noch alles nicht
gedacht.
Der Tag ist heut ein andrer, als alle je zu-

vor,
nun bin ich nur ein Wandrer, der seinen Weg
verlor.
Ich liebe dich von Herzen, vielleicht bin ich
verrückt,
hab keine Lust zum Scherzen, mit dir ist
mir´s geglückt.

Hoffnung

Ich sah ihre Augen, ich sah ihr Gesicht.
Ich sah ihre Jugend, doch sie sah ich nicht.
-/-
Die Sonne die glänzte auf ihrem Haar,
doch sie zeigte nie, wer sie denn war.
-/-
Ich jagte mit ihr hoch zum Zenit,
doch so steil runter, da kam ich nicht mit.
-/-
Sie fühlte sich unten scheinbar erst wohl,
bei teuflischen Drogen und Alkohol.
-/-
Jetzt ist verloren, was nie begann.
Ich soll´s begreifen, was ich nicht kann.

-/-
Hände gebunden, Rettung verpasst,
Seele geschunden, ins Leere gerast.
-/-
Kann nicht begreifen, was ich gesehn
und nicht drauf pfeifen, werd niemals gehn.
-/-
Hoffnung, was ist das, kenn nicht das Wort,
oder beginnt was, am Horizont dort?

Zukunft

Der Wind beginnt zu drehen, sich mitten
über´m Land.
Der Mensch verliert zu sehen über´n Tel-
lerrand.
Die Sonne zieht zum Süden, wo sie die Hei-
mat fand.
Der Mensch fängt an zu lieben, nur sich sel-
ber noch.
Die Freiheit bricht zusammen, fällt in ein
tiefes Loch.

Der Frost bezieht den Norden und hält ihn
eiskalt fest.
Das Wasser in den Fjorden steht klar und
starr wie Stein,
Kristalle sind geworden, ein Spiel im Mon-
denschein.
Sie leuchten mir des Weges, noch lange bis
zum Rest.
Es kann nicht lange dauern, dann ist es aus,
das Fest!
Nur Hoffnung kann uns retten und Ausbruch
aus der Zeit,
die wir so gerne hätten zur Sicherheit be-
reit,
den neuen Weg beschreiten, der uns noch
unbekannt,
die Arme auszubreiten, mit Zukunft in der
Hand.

Freiheit

Mein Herz ist voller Liebe, voll Hass und
voller Sinn,
wie gut ist es zu wissen, dass ich am Leben

bin.

-/-

Durch Höllen sind gegangen wir beide, du und ich,

sie hatten uns gefangen, erniedrigt dich und mich.

-/-

Heut sind wir frei geworden mit einen kühnen Schritt.

Es reisen große Horden von Stolz und Achtung mit.

-/-

Wir werden uns behaupten in einer freien Welt

und schaffen, was wir glaubten, dass es zusammenhält.

-/-

Heut seh ich deine Augen in einem andern Licht,

was wird sie uns nun taugen, was bringen und was nicht.

-/-

Neugewonnene Freiheit steht wild in deinem Blick,

wirfst deine schwarze Mähne jäh in dein

Genick.
-/-
Du bist für mich das Größte, zu kämpfen
hat´s gelohnt,
gemeinsam auszubrechen vorm grausam si-
chern Tod.

Zwanzig Jahre

Zu einer kurzen Liebe war ich für dich be-
reit,
dass es so lange bliebe, glaubt ich zu keiner
Zeit.
-/-
Der Wind hat dich getrieben, mitten in mein
Herz
und dann bist du geblieben schon zwanzig
Jahr im März.
-/-
Deine dunklen Augen sind immer noch voll
Glanz,
sollst du für mich was taugen, dacht ich
beim ersten Tanz.
-/-

Das heut nach all den Jahren noch immer
Liebe glüht,
kann man doch nur erfahren, wenn einem so
geschieht.

Bestimmung

Verbotene Früchte hängen tief, verführen
dich zu Taten.
Dein Leben bisher sicher lief und lass mich
ruhig raten.
Die Frau, die du am Morgen trafst, hat dich
fast umgerissen.
Mit Chaos nun dein Dasein strafst und doch
kannst du nicht wissen,
dass sie schon einen andern liebt, die Zu-
kunft dir die Richtung gibt,
trotz Offensichtlichkeiten weit weg zu an-
dern Menschen hin
und in ganz neue Zeiten, doch gäbe das gan-
ze keinen Sinn,
würd ich dir nun nicht sagen, dass später
dann nach vielen Tagen,

sich Folgendes hat zugetragen.
Die Lady, die vor vielen Wochen dir begeg-
net ist, dein Herz ließ pochen,
ziehst du magnetisch an, ganz ohne Willen
und sehr, sehr tief im innern Stillen
scheint dir sie sogar fest versprochen.
Der Weg, den ihr ja gar nicht kennt, unbe-
irrt seine eigenen Gesetze nennt.

.

Meine große Liebe

Meine große Liebe
bist du noch lange nicht,
deine Seitenhiebe
hau´n mir voll ins Gesicht,
mit großen blauen Augen
und deiner Top - Figur
kannst mich nicht in dich saugen,
da bleib ich lieber stur,
dein honigsüßes Smilen
mit bitterem Nachgeschmack
lässt mich nur weiter eilen,
gehst mir dann auf den Lack,

wenn du, wie gestern Abend,
den Kopf an mich gelehnt,
die Hand in mich vergrabend,
den Blick weit weg gesehnt,
nochmal du selber bist,
dann brauch ich deine Liebe,
die man nicht mehr vergisst.

<u>Der Baum</u>

Schon mehrere tausend Jahre stand er hier, er war nur ein alter Baum. Das ganze Jahr über setzten sich Vögel auf seine fast kahlen Zweige.

Manchmal waren es Raben, sie erzählten sich von Riesenkranichen die über Kontinente flogen. So begann der alte Baum vom Fliegen zu träumen, obwohl er sich nicht im Geringsten von seinem Ort fortbewegen konnte.

Irgendwann begann er fest daran zu glauben, einmal fliegen zu können, wie die Kraniche von denen die Raben erzählten. Eines

Tages hatte er Bekanntschaft mit der "Krone der Schöpfung".

Ein kleines dunkelhaariges Mädchen war von zu Hause weggelaufen und hatte sich ins Moos unter ihn gesetzt, an ihn gelehnt.

Es erzählte ihm seine ganzen Kindersorgen. Obwohl er schon so alt geworden war, hatte er ähnliches noch nie erlebt. Als das Mädchen ihm alles Bedrückende berichtet hatte, fühlte es sich wieder frei und ging nach Hause, wo die sorgenvollen Eltern es erwarteten. Trotz strenger Verbote des Weglaufens kam das Mädchen immer wieder hier her, um seinen Kummer loszuwerden. Dann wuchs sie heran, wurde eine junge hübsche Frau und später eine tolle Mutter. Die ganze Zeit über kam sie nicht mehr zu "ihrem Baum". Erst als ihre Tochter acht Jahre alt war, besuchte sie "ihren alten Freund" mit ihrer Tochter, die fast ebenso aussah, wie sie selbst mit acht Jahren. Sie erzählte dieser vom Besuch hier als Kind.

Dann kam keiner von ihnen mehr hier her. Es vergingen viele Jahre, beide wurden alt und starben.

Dann gingen dreitausend Jahre ins Land. Der Baum stand immer noch hier; noch kahler geworden, etwas verbogen, aber er lebte noch, - hatte viele Stürme durchgestanden, einen schrecklichen Waldbrand u n d einen Atomkrieg, der ihn fast vernichtete. Aus den Wurzelresten, die überlebten, entstand wieder ein neuer Haupttrieb, der Baum. Die Erde verlor nach und nach die Menschen sowie fast alle Tiere, sie war aufgedunsen. Die Sonne schien tagsüber nur noch dunkelrot und war riesengroß geworden. Überall lag Schnee und dickes Eis. Dann entstand völlige Dunkelheit. Plötzlich erschien ein gleißend helles Licht, inmitten schwebte eine Menschengestalt zu
"Füßen des uralten Baumes".
Er erkannte sie, es war das Mädchen der "Ersten Begegnung".
Sie sagte: " Ich spreche als Engel zu dir, eines Tages wirst du ein gewaltiger Vogel, der König der Lüfte sein und von Kontinent zu Kontinent fliegen".
---/---

Auf einem weit entfernten Planeten mit erdähnlicher Atmosphäre steht ein riesiger Baum, der ständig von Scharen von Vögeln besetzt ist. Eines Tages verschwanden sie alle von seinen Zweigen.

Es erschienen kurz darauf acht große stolze Raben und setzten sich auf dem gigantischen Baum nieder. Sie erzählten untereinander von einem Vogel, der aus einer anderen Zeit und einer anderen Welt käme und bald hier landen würde.

Kurz nachdem die Raben wieder verschwunden waren, sah man den gewaltigen unbekannten schneeweiß leuchtenden Vogel am Himmel, der sich schnell und zielstrebig dem Baum näherte. Als er auf ihm niederging, schwankte der mächtige Baum sehr, seine Zweige ächzten unter seiner Last. Alle anderen Vögel sah man den ganzen Tag nicht mehr.

Als der große weiße Vogel einen wunderschönen Gesang begann, erstarrte die ganze Natur für diesen einen Tag.

Zur Dämmerung hob der geheimnisvolle große Besucher nahezu lautlos ab, die Natur

regte sich wieder überall. Scharen von Vögeln besiedelten erneut den Baum.
Alle acht Jahre wiederholte sich ab nun das gleiche Schauspiel.

True Love

Der Morgen dachte nicht daran, sich gegen die tiefschwarze, für Ende August schon viel zu kalte, schwer liegende Nacht durchzusetzen.
Wir schwankten grölend die Bevergerner Straße entlang. Bald würden wir unsere Wohnungen erreichen. Schon drei Stunden später sollte unsere Fahrt zum zehntägigen Kurzurlaub nach
Bad-Kissingen starten. In letzter Minute und mit dickem Kopf kamen wir zum Dorfplatz in Riesenbeck. Nicht nur, dass die anderen Mitreisenden über uns lästerten, nein, mein eigener `Katzenjammer´ wurde so groß, dass ich mich selbst nicht mehr leiden konnte, viel schlimmer noch, ich fing an mich

selbst zu bemitleiden.

Ich bekam während unserer Fahrt nichts
von der eindrucksvollen Landschaft mit,
auch unser wunderschönes Hotel und dessen
Umlage blieben meiner Beachtung vorenthal-
ten. Ich ging unter dem Gelächter meiner
´Kollegen´ sofort, nachdem ich mein Zim-
mer bezogen hatte, ins Bett -- und das am
ersten Urlaubstag.

Am Abend danach, mir ging es wieder sehr
gut, planten wir, die hoteleigene Diskothek
zu besuchen. Ich freute mich auf Musik,
denn Tanzen war meine große Leidenschaft.
Heinz und Dieter bewegten sich sofort zur
Bar, Norbert, Wolfgang und ich stellten uns
in die Nähe der Tanzfläche.

Plötzlich traf mich fast der Schlag: Nur ein
paar Meter rechts von mir stand eine hüb-
sche mittelblonde junge Frau, deren inte-
ressante hellbraune große Augen verträumt
ins Leere schauten. Sie war genau mein
´Typ´, ich musste sie unter allen Umständen
kennenlernen.

In Gedanken nahm ich sie schon in meine
Arme, es ging gar nicht anders:

" Wir werden zusammenkommen!"
Norbert, `anerkannter Frauenschwarm´,
startete sofort auf sie zu, mir wurde eis-
kalt, dann heiß vor Zorn.
Norbert sprach sie an und schon hatte er
sie
´um den Finger gewickelt´.
Sie verfiel in ein Lachen, ein mitreißendes
Lachen, das mich aber in der jetzigen Situa-
tion fast zum Wahnsinn trieb.
-- " WELCH EINE TOLLE FRAU ! " --
Früher hätte ich sie `kampflos´ Norbert
überlassen, doch nun nicht!
Ich ging auf dieses wunderschöne Geschöpf
zu, hochnervös aber absolut selbstsicher
und forderte die hübsche junge Frau bei
langsamer Musik zum Tanz auf. Diesmal
wusste ich genau, dass sie zusagen würde,
irgendwie gab es keine andere Möglichkeit.
Sie schaute mir tief in die Augen, folgte zur
Tanzfläche und schmiegte sich eng an mich.
Ihr Haar duftete so verführerisch, dass ich
beinahe verrückt geworden wäre, auch be-
merkte ich ihr leichtes Zittern in meinen
Armen. Aus den Augenwinkel heraus sah ich,

wie Norbert fassungslos und ungläubig mit den Händen schlug, denn er war es nicht gewohnt, eine so hübsche Frau an einen `noname´ `abgeben´ zu müssen. Ich küsste ihre großen Rehaugen, ihr ganzen Gesicht, ihren Mund, entlang ihren Lippen und b i ß mich in ihr f e s t. Meine Hände vergruben sich in ihrem dichten langen Haar. Sie küsste mich überall, ich küsste sie überall. ------
-----
Wir zogen weg von dieser Erde durch ein Feuer in unseren eigenen Himmel, lösten uns völlig auf, verschmolzen miteinander im höchsten Zustand der Gefühle und sanken langsam zurück zur Erde, zufrieden und wunschlos glücklich. Fast lautlos verschwand sie, nur ihr betörender Duft haftete überall an mir, am Bettlaken, an der Matratze, die ganze Luft war durchsetzt davon. Irgendwo auf dem Flug zum Himmel und wieder zurück war ihr Name gefallen:
`Leony Baro´!
Sonst wusste ich nichts über sie, dabei wäre es so wichtig für mich gewesen. Ich sah sie nicht mehr wieder!!!

Desorientiert erlebte ich farblos, ohne
Freude und voller unerfüllter Sehnsucht,
meine nächsten `Urlaubstage´. Ständig hän-
selten mich meine `Kumpel´ wegen meiner
Geistesabwesenheit.

" Wo ist denn deine `Superbraut´?" fragte
hämisch Norbert, der seine `Niederlage´
immer noch nicht überwunden hatte. Doch
das alles störte mich nicht. Nur eines war
nun noch wichtig: Ich musste Leony finden!
Davon schien mein ganzes Leben abzuhän-
gen. Doch ich traf sie einfach nicht wieder!
Vielleicht war sie schon abgereist, oder
wohnte sie gar in der Nähe? Eines Morgens,
am vorletzten Urlaubstag stand eine kleine
ältere schon ganz ergraute Dame an der Re-
zeption unseres Hotels. Als sie mich sah,
kam sie zögernd näher und fragte: "Kennen
Sie Leony Baro? Sie hat mir Sie beschrie-
ben, sogar sehr gut, wie ich jetzt feststel-
le!"

"Ja, ich kenne Leony", antwortete ich er-
wartungsvoll, "wo ist sie, wie kann ich sie
finden?"

"Eigentlich sollte ich Sie gar nicht aufsuchen, Leony sehnt sich zwar nach Ihnen aber sie möchte nicht so gesehen werden." Gerade jetzt beschloss ich sofort, der alten Dame zu folgen. "Was ist mit Leony, warum soll ich sie nicht `so sehen´?"

Wir fuhren in den 10. Stock. "Hier ist ihr Zimmer!"

Leony´s Mutter klopfte vorsichtig an die Tür Nr. 1015.

"Wir haben ein paar Tage Urlaub gemacht, denn es ging ihr wieder so schlecht. Ich musste sie regelrecht mitschleppen, sie ist ein so liebes Mädel aber so unglaublich sensibel."

Ich vernahm ein kaum hörbares `Ja´ aus dem Zimmer und hatte plötzlich Hemmungen einzutreten, da mir bewusst wurde, dass ich unerlaubt handelte.

Leony drehte sich kurz zur Tür um, ihr Atem stockte: "Was willst du hier? Ich möchte dich nicht sehen, bitte geh wieder!"

Ich hörte nicht auf sie, folgte ihr nicht. Meine Intuition sagte mir, dass ich mich ihrem Willem widersetzen sollte. Ich ging an ihr Bett und erschrak: Leony´s rehbraune

Augen hatten jeglichen Glanz verloren, sie schienen in große Höhlen eingefallen, ihr Gesicht um Jahre gealtert, die Haut trocken und faltig. Nach anfänglicher Überwindung machte ich Anstalten, Leony zu umarmen. Anfangs entzog sie sich mir, dann ließ ihr Widerwille nach, doch der ganze Körper zitterte wie Espenlaub, ihre Stimme brach immer wieder zusammen. Auf anhaltendes, geduldiges, sanftes Drängen verriet Leony mir, dass sie seit Jahren unter Depressionen, die mit intensivsten Migräneschüben einhergingen und in fast gleichmäßigen Abständen auftraten, litt.

Nun hielt sie fast krampfhaft meine Hand fest: "Ich habe panische Angst, denn die Krankheitssymptome werden von Mal zu Mal stärker, die Abstände immer kürzer. Ich habe etliche Behandlungsmethoden an mir durchführen lassen und viele Ärzte- sowie Spezialistentermine wahrgenommen, bisher hat nichts auch nur im Geringsten geholfen!" Wir redeten und redeten. Ich drang immer tiefer in die Seele dieses wundervollen `Geschöpfes´ ein. Sie war immer schon eine

sehr stolze junge Frau aber auch überaus sensibel, verletzlich und zerbrechlich. Durch die überdurchschnittliche Klugheit Leonys hatte sie schon schnell den plausiblen Grund ihrer Krankheit erkannt, doch Ärzte und Spezialisten glaubten ihr nicht. Sie war noch ein blutjunges Mädchen gewesen, als Leony sich in einen Arzt mittleren Alters verliebte, Hals über Kopf, wie es eben ihre Art schien. Der Mann sah nicht nur gut aus, er hatte Charme. Er trug sie auf Händen; -- zuerst. --
Er konnte mit ihr nicht nur lachen, sondern auch ernste Gespräche führen, mit ihr weinen, sie trösten, sie lieben, so, dass sie direkt den Himmel sah und spürte; - und sie zerstören , so demoralisieren, dass sie wie ein `Nichts´ vor ihm auf der Erde kroch und um Gnade und Liebe `bettelte´.
Leony tat damals alles für ihn, nur, damit er bleiben sollte; denn ohne ihn konnte sie nicht mehr leben, auch dann noch nicht, als er andere Frauen mit nach Hause brachte und vor ihren Augen im Doppelbett liebte. Der Arzt zerstörte damals alles in ihr. Den-

noch hatte sie ihn bis heute nicht vergessen, `liebte´ und `hasste` ihn immer noch. Er andererseits hatte schon längst alles vergessen, selbst ihren Namen.

Als Leony sich plötzlich zu mir umdrehte und tief in meine Augen schaute, wurde mir ganz anders: "Diese für mich tiefgreifende Erlebnisse von früher sind die Ursache meiner Krankheit; sie selbst wird mich zerstören, seelisch und auch körperlich, deshalb ist es auch besser für dich, mich nie mehr zu treffen, nie mehr zu sehen!"

Nun wandte mir Leony brutal eiskalt ablehnend den Rücken zu; trotzdem wirkte sie auch jetzt noch aufreizend schön. Ich beugte mich gegen ihren Willen über sie. Dicke Tränen liefen wie Bäche ihre Wangen hinab, standen in den rehbraunen Augen; es war herzzerreißend.

Ich legte mich neben sie, nahm die junge Frau in den Arm, drückte sie, wollte Leony nie mehr loslassen. Sie erwiderte, hatte förmlich darauf gewartet. Von diesem Moment an wusste ich, dass ich sie mehr lieben würde, als alles je Dagewesene. Leony weinte, heulte, schluchzte, zitterte den gesamten `kaputten Teil´ ihrer Seele aus dem Leib´, dann lag sie ganz still, fast wie tot. Nur die Atemzüge gingen tief, gleichmäßig ruhig.

Leony schlief beinahe zwölf Stunden fest. Ich lag hilflos, regungslos aber hellwach neben ihr. Abrupt drehte sie sich um und schaute direkt in meine Augen. Ihr Blick war fast wie früher, nur noch sehr ernst, große `Rehaugen´ hypnotisierten mich: "Du bist ja immer noch hier!" stellte sie, jedoch keineswegs mehr vorwurfsvoll, fest. "Ich bleibe auch hier! Ich bleibe auch immer bei dir, immer, egal, was passiert; aber nur, wenn du willst!"

Noch kurz bevor ich ausgesprochen hatte, fiel sie mir um den Hals, drückte mich so fest, dass mir beinahe die Luft weggeblieben wäre. Leony schluchzte fortwährend, allerdings voller Freude, voller Hingabe. Sie löste sich von mir, ihre schönen braunen Augen strahlten wieder, zwar noch verweint, aber sie strahlten wieder: "Ja, ich möchte nichts lieber, ich wollte die ganze Zeit, das du bleibst, doch ich hatte Angst wegen meiner Krankheit. Ich fürchtete mich, der zufolge schnelleres Altern und Sterben würde dich von mir abstoßen!" Wieder drückte sie mich, fast noch fester als vorher: "Ich liebe dich mehr, als alles andere, als alles je zuvor!"

Professor Doktor Sanzes, der Leony noch am letzten Besuchstermin ernst und besorgt nach ihrer Untersuchung angeschaut hatte und ihr mitteilte, dass außer bekannter fehlender oder zurückgehender Elastizität der Haut sowie anderen äußeren Merkmalen, wie leichtes `Einfallen´ der Augen in ihren `Höhlen´ auch Anfänge von Deformationen der Magenschleimhäute; also Tendenz zum Beginn von Magengeschwüren, Gelenkarthrose, Erhöhung von Harnsäure im Blut, bzw. beginnendes Rheuma aufgetreten waren; traute seinen Augen nicht. Er überprüfte immer wieder seine Untersuchungen, schüttelte den klugen Kopf, wiederholte ständig: "Das gibt´s doch nicht, das ist doch nicht möglich!"

Vor ihm lag eine fast völlig gesunde strah-

lende junge Frau. Alle festgestellten norma-
lerweise irreparablen ` Verschleißerschei-
nungen´ waren ungefähr völlig verschwun-
den.

Ich wachte auf, schweißgebadet, stark be-
nommen, mein Herz raste wie verrückt.
Natürlich lebte ich vor langer Zeit im west-
fälischen Dorf Riesenbeck. Ebenso wäre ein
Traum von damals nichts Außergewöhnli-
ches; doch diese Klarheit, solche gewaltige
Gegenwärtigkeit des Traumes war mir sehr
sonderbar.
Allerdings vergaß ich mit fortschreitender
Zeit sehr schnell jenes romantische Ereig-
nis.
Eines Abends ging ich zu meinem Briefkas-
ten und nahm einen Katalog sowie mehrere
` Werbebroschüren´ an mich. Plötzlich fiel
ein handgeschriebenes Blatt, eher geheim-
nisvoller Brief, zu Boden; Absender und Ad-
resse fehlten. Aufmerksam las ich. Tief und
nachdrücklich bewegte mich folgender
Text:

"Ich werde immer bei dir sein!
Ob in großer oder kleiner Entfernung oder
ganz nah,
mein ganzes Leben und darüber hinaus;
denn ich habe dich gefunden nach all den
Jahren!"
Ich konnte die geheimnisvollen Zeilen ein-
fach nicht mehr vergessen.
Freitagabend fuhr ich auf meinem Heimweg
nach Feierabend zum dicht an der Straße
liegenden `Waldwanderparkplatz´, irgend-
ein `Impuls´ ließ mich aussteigen und ein
Stück in den Wald wandern.
Erst spät wurde mir die Zunahme der Laub-
blätter unter meinen Füßen bemerkbar; ich
maß nebensächlicher Feststellung allerdings
wenig Bedeutung zu.
Nun aber vermehrten sich auffällig viele
rote Kastanienlaubblätter auf meinem Weg,
obwohl keinerlei Kastanienbäume vorhanden
waren.
Das Tageslicht änderte in ein seltsames röt-
liches `Gold´ und rückte ein wenig zur
Dämmerung hin. Plötzlich durchzuckte mich
ein Blitz:

Sie kam mir direkt entgegen, lief auf mich
zu:
"Ich werde immer bei dir sein, - - - - - - - !"

Am Kreuzweg 7

Der Mensch wähnt sich groß und ist doch
nur ein Werkzeug seiner Zeit.
Dies ist die unglaubliche Geschichte des Ge-
schäftsreisenden Georg Heimbüchel aus
Altenkirchen. Er verschwand spurlos am 23.
Juli 2008.
Georg war zufrieden mit sich und der Welt.
Er hatte einen großen Auftrag über Motor-
öle und –fette bei einer namhaften Spediti-
on abgeschlossen. Außerdem gewann er ho-
hes Ansehen in diesem Verkaufsbezirk
durch die Gewinnung dieses wichtigen Neu-
kunden.
Beruhigt und endlich mal ohne den Stress
durch ständigen Verkaufsdruck trat er die
Heimreise an. Georg fuhr von Bergisch-
Gladbach aus auf die Autobahn Richtung

Köln/Koblenz. Er kannte diese Strecke bereits auswendig.

Er war erschrocken, wie unkonzentriert er die gesamte Strecke gefahren sein musste, als er plötzlich die Autobahnausfahrt Altenkirchen vor sich erblickte.

Deshalb bog er kurze Zeit später auf einen kleinen Waldparkplatz unweit seines Heimatortes ein, um der Gefahr des Sekundenschlafes zu entgehen.

Der Geschäftsreisende stieg aus seinen Wagen, um sich die Beine zu vertreten. Georg spazierte den naheliegenden Waldweg entlang, nach einer Weile schien die Müdigkeit verflogen, der Kopf wieder klar. Nun entschied er sich, umzukehren, um seine Fahrt fortzusetzen, doch plötzlich kannte Georg sich nicht mehr aus; die gesamte Umgebung hatte sich auf wundersame Weise verändert und der Verlauf des Weges erschien völlig anders. Georg überfiel panische Angst. Er irrte umher. Nun führte der Weg ihn an wenigen kleinen Häusern vorbei. Der Verwirrte hielt am letzten Haus, Angstschweiß bedeckte seine Stirn. Er drückte die `Schelle´.

Sein ängstlicher Blick streifte das schmale lange Schild

`Am Kreuzweg 7´.

Eine junge Frau öffnete und bat ihn einzutreten, noch bevor der Geschäftsreisende sein Anliegen vorbringen konnte.

Die drei Bewohner gaben sich als Studenten aus. Georg befürchtete bald, dass irgendetwas mit ihnen nicht stimme. Dort saßen die jungen Leute ihm direkt gegenüber, die hübsche schwarzhaarige Frau mit dunklem Teint aber strahlend hellblauen Augen, die ihm geöffnet hatte, sowie ein untersetzter Mann, gerade Ende 20, mit leicht schütterem rötlichen Haar und ein sehr großer breitschultriger Kerl mit hellblondem langen Haar und hellbraunen Augen.

Die junge Frau begann das Gespräch, nachdem Sie den Gast freundlich begrüßt hatte. Georg war angetan von ihrer warmherzigen Ausstrahlung.

"Wir studieren die Zeit und das Reisen in ihr! Ich weiß nicht, wie ich es Ihnen sagen soll? Warnen sie ihre Leute und ziehen sie mit ihnen allen von hier fort, denn eine mächtige Veränderung wird die wundervolle Stadt und die reizende Umgebung vernichten ----!"

Mehr zufällig als gewollt schaute Georg aus dem Fenster und es war ihm, als träfe ihn der Schlag! Ein weites Tal tat sich vor seinen Augen auf, mitten drin lag eine riesige Stadt voller futuristischer prächtiger Gebäude, die aus ferner Zukunft zu stammen schienen.

Zutiefst erschrocken drehte sich der Geschäftsreisende um, nichts von seiner scheinbar unrealistischen Umgebung war mehr da, weder das Haus, noch die Studenten oder gar die wundervolle Stadt.

Georg Heimbüchel aus Altenkirchen befand sich wieder, als sei nichts Außergewöhnliches geschehen, auf seinem ursprünglich angetretenen Weg.

Er ging zurück und erreichte schnell seinen abgestellten Wagen.

Natürlich verschwieg er die eben wohl eher subjektiv erlebten Ereignisse.

Georg schwor sich, ab heute anders zu le-

ben, privat sowie beruflich kürzer zu treten.
Mehrere unspektakuläre Jahre vergingen.
Ein wunderschöner Maimorgen lud eher zur
Freizeit ein, doch ausgerechnet heute stand
für den Geschäftsreisenden der Kunden-
termin am Rande der Stadt München fest.
Mit der Zeit ergab sich die lange Autobahn-
fahrt als eintönig und trist, Müdigkeit über-
fiel den Autofahrer. Zur Vorbeugung eines
drohenden Sekundenschlafes plante er, den
nächsten Rastplatz anzufahren.
Plötzlich entstand vor seinen Augen ein voll-
ends neues Bild der Umgebung: jetzt er-
kannte er die Gebäude, die sonderbare
Stadt ------!
Im gleichen Moment bebte alles, Straßen
rissen auf, die Erde explodierte regelrecht.
Unvorstellbar helle, breite, sich am Boden
verteilende Blitze durchzuckten die Luft,
die zu brennen begann -------!
Der Geschäftsreisende Georg Heimbüchel
aus Altenkirchen verschwand am 23. Juli
2008 um 14.15 Uhr spurlos. Er kam nie an
seinem Ziel an.
Auch mehrere Jahre später konnte nicht

das Geringste von ihm gefunden werden,
nicht sein Wagen, keinerlei Textilien, nicht
einmal ein einziges Haar.
Es bestanden aber auch keinerlei Indizien
auf Verbrechen oder einen Unfall.
Jahre später wurde seine Akte mit dem
Hinweis "Unaufgeklärter Fall" geschlossen
und die Ermittlungen eingestellt.
Erst zögernd, nachdem die Medien ver-
stärkt den Fokus auf diesen Fall gerichtet
hatten, gaben die Behörden zu, dass es noch
einige weitere Fälle dieser Art gäbe.
Viel später meldeten auch internationale
Behörden derartige Ereignisse, selbst bis-
lang sogar "unter Verschluss" gehaltene.
Festzustellen war, dass diese Vorkommnisse
immer mehr zunahmen………

Die Wolkenspringer

Sie zogen über´n Himmel
vorbei am Sternenmeer
Sie kamen von weit draußen

von andern Welten her
Sie drehten enge Schleifen
hoch über unser´ m Land
Sie jagten steil nach oben
bis an der Zeiten Rand
sie sprangen auf die Wolken
und ließen sie erglühn
in wunderschönen Farben
ganz ohne große Müh´ n
wenn ich sie dann bestaune
wird mein Herz ganz weit
zu einem Flug mit ihnen
wär ich sofort bereit
An jenem Sonntagmorgen
da sah ich sie ganz nah
Sie waren wilde Wesen
mit strahlend rotem Haar
Sie drehten Ihre Runden
in großem Lichterglanz
und stiegen auf die Wolken
bereit zum nächsten Tanz
Sie tanzten für den Frieden
und für die Freiheit hier
Sie werden bald verschwinden
das kann ich sagen Dir

zurück in fremde Welten
sehr weit weg von hier
Sie werden dort erzählen
was sie bei uns geseh´n
und keines ihrer Wesen
wird Menschen je versteh´n
Die Wolken hängen tiefer
und sie verdunkeln sich
drücken auf die Seele
und belasten mich
Ich such den ganzen Himmel
nach Wolkenspringern ab
ich kann dort keine finden
stattdessen fällt herab
was keiner von uns wollte
und niemand hat bedacht
Ich hebe meine Augen
sehe schon die Nacht
als ein starkes Leuchten
durch den Himmel dringt
und für Fried und Freiheit
neue Hoffnung bringt
Heut sind die Wolkenspringer
des Himmels täglich Bild
sie jagen um die Wette

schnell gekonnt und wild
doch seit sie neu erschienen
ist´s hell in unser´m Land
Friede, Freiheit, Liebe
steht wie ein riesig Band
hoch in den Gestirnen
In Wolkenspringer´s Hand.

Land am Meer

Sie hatten lange dafür gespart, für diese
einzigartige Reise. Eleonore, Emilie und
Martha machten endlich ihren großen Traum
wahr. Alle drei träumten schon lange von
diesem wundervollen Land mit der atembe-
raubenden Natur. Nach langen 24 Stunden
landeten sie endlich in Auckland, der `ge-
fühlten Hauptstadt´ Neuseelands. Schon
für den nächsten Tag stand die erste Tour
auf dem Programm. Der lange Flug, die
Strapazen der Zeitverschiebung erwiesen
sich zwar als sehr belastend, trotzdem
überwog große Freude. Mit einer umgebau-

ten Barkasse schipperten sie bei geringem Wellengang zur Insel South East Island auf den Chatman Islands. Nur ungefähr 2 Stunden sollten die Reisenden sich hier auf dem urigen, von der Natur verwöhnten Fleckchen Erde aufhalten. Danach würde die Fahrt wieder zurück nach Auckland gehen. Genau solcher Tag war ausgesucht, da der Wetterbericht ruhiges gefahrloses Wetter vorhersagte. „Ich habe noch nie zuvor solch dunkelblaues Wasser gesehen!" schrie euphorisch Emilie, eine rüstige lebenslustige ältere Dame hinaus. Niemand von ihnen kannte die Vergangenheit, den Mythos, der von dieser Insel ausging. Niemand sah die Veränderungen, die um sie herum geschahen, erst noch schleichend, langsam. Bald aber würde es zu spät sein. „Emilie, sieh doch, der Himmel!" ... Der Himmel verdunkelte sich zunehmend in Minuten, anfangs noch tief blau, so war er jetzt schon von dichtem Grau überzogen, bevor fast schwarze Wolken kondensierten. Leichte Böen entwickelten sich zum tobenden Sturm. Die alten Damen konnten kaum noch auf ihren Beinen stehen. Sie liefen, so schnell sie konnten, zum Anlegeplatz, wo die Barkasse ankerte. Doch sie fanden weder ihr Schiff, noch die Anlegestelle wieder. Plötzlich begann die Erde zu beben, immer stärker, immer gewaltiger; sie versank unter ihren Füßen. Alle drei fielen in unendliche Tiefen, fühlten keinen Boden mehr, ihr Gewichtsgefühl war aufgehoben; dann herrschte Stille, unglaubliche Stille, völlige Dunkelheit trat ein...

Sturm wütete, gleißend helle zuckende Blitze entluden sich, grollende dröhnende Donner ließen alles erzittern. Martha sprang auf, konnte sich an nichts mehr erinnern. Wer war sie, wo war sie, wie war sie hierhergekommen? Tiefhängende dunkle Wolken verzogen. Restlich verbleibender Nebelschleier gab langsam die Sicht frei, enthüllte überraschendes Geheimnis. Martha stand da, nur einfach da, unbeweglich, sah nur geradeaus. Sie lachte nicht, weinte nicht, schien versteinert, atmete tief; sog die frische, würzige, alles durchdringende Luft in ihre Lungen. Marthas Augen weiteten sich bei der Betrachtung ihrer Umgebung, die so einzigartig schön war. Sie bewegte nun langsam den Kopf, fokussierte prachtvolle Landschaft, in der Palmen mit dunkel-, fettgrünen Blättern, von herrlich tiefblauem Himmel umgeben, zu sehen waren. Der Horizont färbte sich erst rosa, nachfolgend hell-, dann dunkelrot, durchsetzt von gelben bis goldenen Fäden. Martha ließ Ihren Blick seitlich hinunter wandern, ihr langes weißes Kleid bedeckte den schlanken blutjungen Körper, die anmutig geschwungenen Hüften, wunderschöne lange aufreizende Beine, weiblich wohlgeformte Waden. Martha ging barfuß wenige Schritte voran; wie in Trance. Ihr tief schwarzes, leicht bläulich schimmerndes, dichtes schulterlanges Haar viel halb in ihr Gesicht; ließ nur die großen verträumten Augen frei, in deren dunklem Braun manchmal goldene Blitze zuckten. Hätte sie noch Erinnerungen an ihre Vergangenheit und einen Spiegel gehabt, hätte sie vor Vergnügen gejauchzt oder geweint.

Einige Kilometer vor ihr stieß das Meer links und rechts ans Land. Riesige Verbindung reichte bis zum anderen Festland. Es war angenehm warm. Manchmal wehte ihr eine leichte Brise entgegen. Martha bewegte ihre nackten Füße über fettes Gras. Obwohl es nicht regnete, spritzte bei jedem Schritt Wasser nach oben. Sie hatte die ganze Zeit das Gefühl, völlig allein zu sein, und doch meinte sie, wunderschöne fremdartige Musik zu hören. Auch ahnte sie die Gegenwart anderer, egal welcher Kreaturen. Die Luft wurde von intensivem, unbekannten Geruch erfüllt, der betörend auf sie einzuwirken begann. Martha war bald in Hochstimmung. Der Himmel präsentierte sich nun dunkelblau, mit leicht grünem Touch versehen. Am Horizont entstanden gelbe `Ränder´. Marthas Augen strahlten jetzt goldfarben. Sie hatte eine geraume Stecke zurückgelegt und kam der riesigen `Landbrücke´ zum gegenüberliegenden Festland sehr nahe. Trotzdem zählten bis dorthin noch zwei bis drei Kilometer. Martha hörte leichtes Donnern, spürte geringes Beben im Boden.

Plötzlich viel es ihr wie Schuppen von den Augen: Sie wusste wieder, wer sie war und erkannte ihre Aufgabe, ihre Stellung, ihre Macht.

Sein Domizil lag gleich einer hoch entwickelten Oase inmitten fruchtbarem Ackerland, das in einer Richtung zum Meer hin, zur anderen in dichten Urwald überging. Man kannte die dort draußen lebenden Ureinwohner nicht. Legenden erzählten von Wilden, die hauptsächlich der Jagd frönten, um sich davon zu ernähren. Man behauptete sogar, dass einige Stämme noch aktive Kopfjagd betreiben würden.
König Roon, der Erste, galt als kluger König, von immensem Wissen und großer Weisheit. In seinem Reich gab es keine Armut. Sein Volk brachte regen Handel und Wohlstand hervor. Riesige Handelsschiffe lieferten Waren weit über den Ozean in ferne Länder. Von dort aus holten sie fremde Güter und Rohstoffe zur Verarbeitung in's eigene

Land. Hier gab es hocheffiziente Sozial- und Gesundheitssysteme, die der König zum großen Teil selbst finanzierte, ja sogar tatkräftig unterstützte. Er verlangte überhaupt nur zwei Zehntel von den Einnahmen und Ernten seiner Untertanen, wovon der König nur ein Zehntel für sich selbst einnahm. Im Land Roons existierte hochwirksame Süßwasserversorgung sowie saubere Abwasserregelung. Das raffiniert angelegte Kanal- und Klärsystem konnte Roon zu seinen eigenen Ideen zählen. Die Untertanen respektierten ihren König. Manche fürchteten ihn auch, denn es wurde gesagt, er habe seltsame Kräfte und Erscheinungen. Obwohl er sehr jung aussah, zählte König Roon schon viele Jahre. Kein Mitglied seines Volkes kannte des Königs genaues Alter. Viele Generationen hatte er bereits überlebt.

Eines Morgens stieg der König allein, ohne jegliche Begleitung, in einen Einbaum, um am Strand entlang bis zum ersten großen Fluss, der ins Meer mündete, zu fahren. Roon, der Erste, versteckte den Einbaum im Schilf, wanderte einen ganzen Tag flussaufwärts bis er die Abzweigung erreichte, die ihn zum riesigen Wasserfall führte. Der König stieg am gefährlichen Felsen empor, seine Finger griffen in geheimnisvoll entstandene Spalten, seine Füße nutzten seltsam `gewachsene´ Felsvorsprünge. Im Nu, flink wie ein Gecko, befand er sich oben, genau hinter abstürzenden Wassermassen. Höhlenartiger Gang führte tief in den Felsen hinein. Roon suchte Hilfe, Rat, Unterstützung und Kraft. Aber vor allem suchte er Ruhe, um sich zu regenerieren, um Visionen zu erhalten. Doch wieso sollte er dies alles hier hinter dem riesigen Wasserfall bekommen? Purer Stein stoppte des Königs Weiterkommen auf seinem Weg. Er drückte die Handflächen gegen den Felsen. Als bestände der harte Stein aus Butter, so floss er unter Roons Händen dahin. Der `Eindringling´ fiel förmlich hindurch. Maßloser Raum bot sich dessen Anblick. Ihm war das Prozedere fast schon Gewohnheit, denn König Roon, der Erste, besuchte diesen Ort schon viele Male. Seltsames Licht leuchtete, ohne dass konkrete

Quelle offenbar wurde. Der Besucher setzte sich auf `gewachsenen´ Steinblock; schnell überfiel ihn tiefster Schlaf. Im Traum stand er am Strand unweit des Königspalastes unter wolkenlosem dunkelblauen Himmel. Plötzlich überzogen eigenartige Erscheinungen das friedliche Bild. Schwarze ovale Flugobjekte tauchten in großer Zahl am Horizont auf, sie drohten sein Land anzugreifen, zu überfallen. Der König saß inmitten des weiten Raumes ganz allein. Benommen erwachte Roon. In seiner Erinnerung verblieben die Bilder jener eigenartigen fliegenden Objekte. Sie flößten ihm Angst ein, da das Land König Roon, des Ersten, über keinerlei Verteidigung verfügte, sondern alle Energie in Wohlstand, Wachstum und Entwicklung steckte. Sollte dieser Traum eine Warnung, ein Fingerzeig sein? Wie ferngesteuert verließ der König seltsame Herberge. Deren Eingang versteinerte wieder völlig im Augenblick.

Martha griff mit der rechten Hand an ihr türkisfarbenes Amulett, öffnete es und hielt ein kleines steinartiges schwarzes Gebilde in ihrer Hand. Marthas Augen zeigten tief schwarze Iris. Sie starrte das kleine Gebilde an. Plötzlich zuckten Blitze in ihren Augen. Wie aus dem Nichts schwebte anthrazitfarbenes Objekt unmittelbar vor ihr. Martha lachte laut! Sie ging darauf zu und verschwand darin, ohne durch irgendeine Tür oder Öffnung gegangen zu sein. Lautlos flog sie davon. Martha saß inmitten gallertartiger Masse, die weder an ihrer Kleidung, noch an ihr selbst haftete, in ihrer `fliegenden Hülle´. Sie steuerte mit bloßem Willen, flog aufs offene Meer hinaus, zog eine weite Kurve und tauchte nahe der gewaltigen `Landbrücke´ ins Meer. Das Wasser wurde beim Eintauchen nicht im Geringsten verdrängt, noch entstand irgendein Strömungswiderstand. Riesiges weißes Licht, das den ganzen Ozean zu durchdringen schien, jagte Martha entgegen. Sie steuerte einen dunklen Punkt inmitten des Lichtes an, der sich immer mehr ausdehnte. Als Martha stoppte umgab sie augenverträgliche Helligkeit. Um Martha herum schwebten unzählig viele Objekte, die mattes elfenbeinfarbenes Licht abwarfen. Auch ihre `Hülle´ erstrahle in dieser Farbe. Plötzlich verschwanden alle Objekte; ein Heer von `Menschenwesen´ bevölkerte den utopischen Raum. Hier konnten alle frei atmen, obwohl sie vom Wasser umgeben waren. Weiter hinzukommende Objekte verwandelten sich zu Personen unterschiedlichen Alters und Aussehen. Mitten in der Flut der Menschenwesen markierte türkis leuchtender Punkt. Das Amulett an Marthas Hals überstrahlte die gesamte Szene, so dass alle anderen sich auf sie konzentrierten. Bald wechselte auch die ganze Umgebung in türkisfarbenes Licht und erfüllte weite Flächen des Ozeans.

Der König war bereits zurück gerudert, steuerte leicht versteckte Bucht an. Mehr zufällig schaute er zum Meer, das türkisfarben leuchtete. Mit offenem Mund erkannte er die außergewöhnliche Erscheinung.

Beim nächsten Blick übers Wasser blieb ihm fast das Herz stehen: Unzählige Segelschiffe und Galeeren ließen sein Gesicht vor Angst erstarren. Er sah schon den Einfall ins friedliche hoch entwickelte Land durch diese Barbaren. „Das war also die Warnung hinter dem Wasserfall, aber wieso sind es Schiffe und keine Flugobjekte? Endlose Katastrophe droht meinem Volk und mir selbst; ich habe riesige Handelsschiffe aber keinerlei Verteidigungsmacht, was bin ich nur für ein König," zweifelte voller Angst und Panik, Roon ,der Erste, an seiner eigenen Person. Er wusste genau, dass er mit seinem wundervollen Land untergehen würde. Die feindliche Invasion schien zum Greifen nahe, deutlich hörte der König vom Meer her Stimmengewirr. Er erkannte sogar, dass die Männer mit Säbeln bewaffnet waren. Dass mehrere Schiffe Bordkanonen besaßen, an denen sich einzelne Seeleute betätigten, ließ seine Vermutung einer feindlichen Begegnung gewiss werden. Das türkisfarbene Licht, das vor kurzem den ganzen Ozean erstrahlte, war nun völlig verschwunden. Wie angewurzelt stand der König in seiner Bucht, den Angriff seiner Feinde erwartend. Doch was nun geschah, überstieg das Vorstellungsvermögen Roon, des Ersten, und blockierte jede Gehirntätigkeit. Denn er sah aber verstand nicht, was er sah. Am Horizont erschienen plötzlich lautlos hunderte schwarzer Objekte. Sie bedeckten den ganzen Himmel. Die Besatzungen der anrückenden Schiffe wurden eiskalt überrascht, einige schossen mit Handfeuerwaffen auf die Objekte ohne jedoch irgendeine Wirkung oder gar die Vertreibung zu erreichen. Jetzt brachten zwei der Galeeren ihre Bordkanonen in Stellung aber bevor sie zünden konnten, geschah etwas Sonderbares: Drei der Objekte verschmolzen zu einer großen, glühendrote Ränder bildenden Erscheinung. Als könne man eine Druckwelle sehen, so vibrierte plötzlich die Luft. Von einer auf die andere Sekunde verschwanden beide Galeeren spurlos. Weitere Angreifer drehten schnellstens ihre Seefahrzeuge um, flohen schleunigst aufs offene Meer. Mit hoher Geschwindigkeit rasten unzählige schwarze Gebilde im Tiefflug über restliche, teilweise bedrohlich aussehende Wasserfahrzeuge! Bald waren alle verschwunden. Roon, der Erste, lief so schnell er konnte landeinwärts. Schnell erreichte er die Palastmauer mit dem schützenden Inneren. Doch zum Ausruhen blieb ihm nur wenig Zeit. Vor Angst zitternd kauerte der König hinter dickem Stein. Plötzlich erstarrte Roon: Gleißendes Licht drang anfangs durch die Mauern, nur eine Sekunde später stand hell leuchtendes ovales Gebilde mitten im Raum, unmittelbar vor König Roon, dem Ersten. Bevor er die Situation richtig begreifen konnte, erblickte Roon eine wunderschöne Frau, wo eben noch seltsames Flugobjekt angekommen war, von dem man nun nichts mehr sah. Sie schaute mit ihren goldfarbenen Augen direkt in des Königs Gesicht, der willenlos vor ihr niederkniete. Martha bat Roon um unbeschriebene Papierrolle. Dann schrieb sie eiligst Informationen in Form von Texten, Bildern und Konstruktionsplänen darauf. Martha flüsterte dem König etwas ins Ohr. Danach stieg sie mit der Papierrolle in plötzlich wieder aufgetauchte Flughülle. Sie verschwand augenblicklich. Der Abdruck des gleißenden Lichtes war noch lange im Gemäuer zu sehen. König Roon, der Erste, suchte wie ferngesteuert den Ort `hinter dem Wasserfall´ auf.

In Windeseile jagte ein fünf Meter langer und drei Meter breiter anthrazitfarbener, mit glühendroten Flecken bedeckter Opal mitten durch den Wasserfall in riesigen Raum, der von purem Stein umgeben war. Die wunderschöne Frau mit langen blau-schwarzen Haaren und tief dunkelbraunen Augen entstieg dem gefährlich aussehenden Gerät, das sofort danach verschwand. Sie öffnete ihr türkisfarbenes Amulett und leg-te ein kleines schwarzes Gebilde hinein. Nun nahm die Schweigsame das Amulett von ih-rem Hals, durchschritt den Raum, der auf geheimnisvolle Weise hell leuchtete und stellte sich vor die Felswand gegenüber. In dem Moment, als sie das Amulett daran hielt, strahlte die ganze Wand in gleißendem Licht. Weiterer hell leuchtender Raum öff-nete, die junge hübsche Frau verschwand darin, bevor die Felswand selbstständig schloss, als wäre nie jemand hindurchgegangen.

Viel später betrat der König den höhlenartigen Gang, hinter dem donnernde Wassermassen hinab stürzten, drückte seine Handflächen gegen massiven Stein, der von selbst aufweichte. Immer noch stand Roon, der Erste, unter hypnoseartigem Bann. Er fiel sprichwörtlich in großen geheimnisvollen Raum, inmitten des Felsens. Längere Zeit stand er nur regungslos da. Türkisfarbenes Licht kroch am anderen Ende durch den Stein, leuchtete immer intensiver. Der König sah die junge Frau durch die Felswand eindringen. Sie schaute ihn mit fast schwarzen Augen an. Er war entzückt von dieser Schönheit. Sie nahm seine Hand, ging zur Mitte des Raumes und breitete auf einem großen Steinblock die Schriftrolle, welche von ihr im Palast angefertigt wurde, darauf aus. Martha starrte auf gesamte Aufzeichnungen, die türkisfarben zu leuchten begannen. Bald strahlte der ganze riesige Raum in dieser Farbe, nun auch Marthas Augen. Der

König stand da, wie angewachsen, regungslos. Die Situation lag weit entfernt seines Begreifens. Martha ergriff die leuchtende Schriftrolle und verkleinerte sie in ihren Händen. Sie entfernte den goldenen Armreif von ihrer linken Hand. Als sei er aus Knetmasse, so zerteilte die hübsche Frau das zu einen Klumpen puren Goldes zusammengedrückte Material und formte daraus ein Amulett mit dazugehöriger Kette. Sie öffnete es, ließ die verkleinerte Schriftrolle darin verschwinden, dann legte sie das Amulett Roon, dem Ersten, um den Hals. Bald danach verschwand sie lautlos in sonderbarer Hülle.

Eines Morgens lag der König über seinen Schreibtisch aus massivem Eichenholz gebeugt, im Arbeitszimmer. Alle Erinnerungen verblassten wie im Nebel eines Traumes. Er schaute nach draußen zum Meer. Augenblicklich schoben sich Bilder der schwarzen Flugobjekte, welche die anrückenden Piraten vertrieben hatten, in sein Hirn. Er sah voller

Schrecken die seltsame hübsche Frau, die unter mysteriösen Umständen in den Palast eingedrungen war, vor seinem inneren Auge. An alles andere konnte der König sich nicht mehr erinnern.

Das Meer lag ruhig dort draußen. Friedlich schwappten weiche Wellen klatschend und schäumend ans Land. Jetzt erst entdeckte Roon etwas Ungewöhnliches um seinen Hals hängen. Er fühlte das dünne Kettchen. Er streifte es mühelos über den Kopf. Vier Zentimeter langes und drei Zentimeter breites Amulett aus purem Gold polterte auf den Schreibtisch. Als der König das auserlesene Material berührte, öffnete sich dessen goldener Körper. Ein kleine Papierkugel fiel heraus. Gerade hob er an, diese zu entfernen, da wuchs sie auf sonderbare Weise. Kurze Zeit später lag große Schriftrolle vor König Roon, dem Ersten. Neugierig rollte er sie aus, um den Inhalt studieren zu können. Was der König nun las und in sein Hirn aufnahm, ließ ihn völlig neben sich stehen.

„Vor langer Zeit bewohnten wir dieses Land. Wir statteten es mit unendlich vielen Möglichkeiten aus, besiedelten es mit vielerlei Pflanzen und Tieren. Doch dann beschlossen wir, es einer Gruppe Menschen zu geben, die nach unserer Ansicht geeignet wären, das Gebiet zu höchster Entwicklung, Kultur, als auch Ethik zu führen. Wir übergaben es mit dem Gebot des gemeinschaftlichen Handelns, der achtsamen Förderung von Natur und Mensch, dem Schutz beider, wie der verantwortungsvollen Nutzung der Ressourcen. Aber das Volk gruppierte sich, arbeitete gegeneinander, betrieb Raubbau. Stämme seltener Viren, die durch die Vielfalt der Arten in Schach gehalten worden waren, nahmen zu, das Volk starb. Nur wenige der Kinder überlebten. Unser Experiment schien misslungen. Gerade sollte die Entscheidung fallen, die Kinder aus dem infizierten Land zu holen, als uns ein kleiner Junge auffiel, der auf wundersame Weise die anderen motivierend stärkte. Er schaffte es mit einer seltenen Gabe die Virenpopulation einzuschränken. Auch nahm der Knabe sonderbaren positiven Einfluss auf die Natur. Wir ließen ihn mit den anderen Kindern dort. Unsere Kommunikationen und Unterweisungen erfolgten an speziellem Ort hinter dem Wasserfall auf metaphysische Weise, speziell mit dem kleinen Jungen. Hier ist der Ort unserer energetischen Aufladung, als auch unseres Ursprungs. Wir führten dich zu all dem, was du aus diesem Land gemacht hast, König Roon, denn du warst der kleine Junge der Ersten Stunde.

Doch nun ist es Zeit zur nächsten Entwicklungsstufe!
Lies diese Anweisungen und befolge sie!

Wir werden dir die Intuitionen geben, Menschen und Mittel zu finden, welche dir bei der Umsetzung und Erfüllung helfen.
Dein Volk wird mit sich ergänzenden individuellen Fähigkeiten ausgestattet werden, um all diese Aufgaben meistern, sowie viele weiteren Möglichkeiten verwirklichen lassen zu können.

Wir versorgen euch alle mit neuen Ideen,
die der stetigen Entwicklung dienen.

Du selbst wirst ein König der Herzen sein
aber auch souveräner, gerechter, kluger
Herrscher.

Wir werden dich regelmäßig am Ort unserer
energetischen Aufladung informieren, als
auch führen.

Doch das oberste Gebot geb ich dir: ´ Alles
diene dem Nutzen, dem Aufstieg, dem Fort-
schritt, dem Erfolg aller! `

Dein Land soll ein einziger einiger, sich im-
mer weiter entwickelnder Organismus sein!"

In nur wenigen Jahren war das Land des Kö-
nigs Roon, dem Ersten, zu höchster Entwick-
lungsstufe aufgeblüht.

Doch mit der Zeit entstand ein Machtgefü-
ge um den König und seine engste Gefolg-
schaft.
Auch kristallisierten sich sogenannte elitäre
Gruppen aus der Masse heraus.
Sie zogen immer mehr Macht in Form von
Besitzanhäufung und Einfluss an.

Das Land, der ´Organismus`, drohte zu de-
stabilisieren, zu erkranken.

Ein ganz besonderes Land schien wiederum
an egoistischer Machtgier zu zerbrechen.

Der König bemerkte nicht einmal, dass die
´Wesen`, welche ihn seit Jahren unter-
stützt, für solche Hochentwicklung gesorgt,
des Landes Verteidigung übernommen hat-
ten, verschwunden waren.

König Roon, der Erste, besuchte schon lange
nicht mehr den geheimnisvollen Ort hinter

dem Wasserfall, den Ort des Ursprungs und
der energetischen Aufladung.
Sein anhaltend junges Aussehen wich merk-
lichem äußerlichen Alterungsprozeß.

An jenem frühen Morgen erschienen hun-
derte schwarzer Flugobjekte über dem
Meer.

Sie griffen unmittelbar, ohne Vorwarnung,
an; geführt von Martha, mit blauschwarzem
wildlodernden Haar und tiefschwarzen Au-
gen.

Der Angriff dauerte nur wenige Minuten,
dann gab es dieses hochentwickelte Land um
König Roon, dem I, nicht mehr.

Martha weinte dicke Tränen aus ihren gro-
ßen, nun dunkelbraunen Augen:
Wie gerne hätte sie gelebt in solchem wun-
derbaren Land.

Nie dagewesener Sturm tobte über der Insel.

Urplötzlich, gänzlich überraschend, ohne entsprechende Vorhersage, war er aufgetreten und fegte alles weg, was ihm im Wege stand.

Die Erde begann zu vibrieren, zu zittern, dann in gewaltigen Stößen aufzubrechen. Bäume knickten wie Streichhölzer; gewaltige Wassermassen fielen aus tiefhängenden grauschwarzen Wolken.

Ungefähr eine Stunde lang wütete das Inferno, danach war die Insel vollständig verschwunden.

Nur noch Holzreste, herausgerissene Pflanzen, Baumstämme und Ansammlungen von Palmblättern schwammen auf dem ruhig gewordenen Meer.

Die von vier Turboprop-Triebwerken angetriebene Hercules passierte in geringer Höhe genau den Ort, wo einst die Insel gelegen

hatte, die gerade der furchtbaren Naturka-
tastrophe zum Opfer gefallen war; nicht ein
einziges Lebewesen konnte gerettet werden.

Plötzlich schrie der Copilot: "Dort, dort
liegt jemand im Wasser!"

Auf Teilen einer Holzwand lag lebloser Kör-
per.

Wenig später schwebte der eiligst aus
Auckland herbeigerufene Rettungshub-
schrauber heran.

In den regionalen, nationalen aber auch in-
ternationalen Medien berichtete man von
mächtiger Katastrophe, die durch schwerste
Unwetter und kaum dagewesene mehrere
furchtbare Erdbeben hervorgerufen wurde.
Die ganze Insel South East Island sei im
Meer versunken.
Einzige Überlebende werde im zuständigen
Krankenhaus der Stadt Auckland medizi-
nisch versorgt.

Martha öffnete ihre Augen.
Sie brauchte sehr lange, um zur Realität
zurückzukehren.
"Die alten faltigen Arme!" - - - -

Sie wusste Bescheid, das war sie wirklich!

Was hatte sie zuvor alles erlebt, warum lag
sie hier im Krankenhaus?
Wo befanden sich ihre Freundinnen?

Martha versuchte aufzustehen, ja, ein kur-
zer Blick zum Badezimmerspiegel bestätigte
ihr wahres Alter.
Faltenreiches Gesicht mit schneeweißen
Haaren schaute sie an.

Martha erschrak: "Was hängt da nur um
meinen Hals?"

Die goldene Kette mit türkisfarbenem Amu-
lett ließ ihr Blut gefrieren.

FSC
www.fsc.org

MIX

Papier | Fördert
gute Waldnutzung

FSC® C083411

Zeitfracht Medien GmbH
Ferdinand-Jühlke-Straße 7
99095 Erfurt, Deutschland
produktsicherheit@kolibri360.de